The Little Polar Bear And Other Bilingual Swedish-English Stories for Kids

Pomme Bilingual

Published by Pomme Bilingual, 2024.

While every precaution has been taken in the preparation of this book, the publisher assumes no responsibility for errors or omissions, or for damages resulting from the use of the information contained herein.

THE LITTLE POLAR BEAR AND OTHER BILINGUAL SWEDISH-ENGLISH STORIES FOR KIDS

First edition. August 21, 2024.

Copyright © 2024 Pomme Bilingual.

ISBN: 979-8227585646

Written by Pomme Bilingual.

Table of Contents

Draken som Glömde Hur Man Flög

Det var en gång en liten drake som hette Flamma. Hon bodde i en stor, grönskande dal där solen alltid sken och fåglarna sjöng. Flamma var inte som andra drakar; hennes fjäll skimrade i regnbågens alla färger, och när hon flög, följde en svans av gnistrande stjärnstoft efter henne. Hon var en drake som alla älskade, men det fanns ett problem – Flamma hade glömt hur man flög.

Flamma brukade vara den skickligaste flygaren i hela dalen. Hon flög högre än molnen och snabbare än vinden. Men en dag, när hon skulle visa sina vänner ett nytt trick, tappade hon balansen och föll till marken. Ingen blev skadad, men Flamma blev rädd. Från den dagen vågade hon inte flyga igen.

Varje dag satt hon vid kanten av dalen och tittade på de andra drakarna som flög högt uppe i himlen. Hon suckade djupt och tänkte för sig själv, "Kanske är jag inte menad att flyga längre."

En dag när Flamma satt ensam och tittade ut över dalen, kom en liten mus fram till henne. "Hej, Flamma," sa musen. "Varför är du så ledsen?"

"Jag har glömt hur man flyger," svarade Flamma och sänkte huvudet. "Jag var en gång den bästa flygaren, men nu vågar jag inte ens försöka."

Musen log och satte sig bredvid henne. "Vet du vad, Flamma? Ibland glömmer vi saker vi en gång kunde. Men det betyder inte att vi aldrig kan lära oss igen. Ibland behöver vi bara någon som påminner oss."

Flamma tittade på musen med stora ögon. "Men vad om jag misslyckas igen? Vad om jag faller?"

Musen ryckte på axlarna. "Alla faller ibland. Men det är inte att falla som är viktigt, utan att resa sig igen."

Med musens ord i sitt hjärta bestämde sig Flamma för att försöka igen. Hon klättrade upp på en hög kulle och bredde ut sina vingar. Hennes hjärta slog snabbt, och hon kände rädslan bubbla upp inom sig. Men då tänkte hon på musens ord. "Det är inte att falla som är viktigt, utan att resa sig igen."

Med ett djupt andetag kastade hon sig ut över kanten. Först kändes det som om hon skulle falla, men plötsligt kom hon ihåg hur man gjorde. Hennes vingar skar genom luften, och för första gången på länge kände hon vinden i sitt ansikte.

Hon flög högre och högre, tills hon nästan nådde molnen. Fåglarna sjöng och dalen glittrade nedanför henne. Flamma skrattade högt, ett skratt fyllt av glädje och frihet. Hon hade inte bara lärt sig att flyga igen; hon hade hittat modet att försöka, trots sin rädsla.

När hon landade, sprang alla hennes vänner fram för att gratulera henne. Musen var där också, med ett brett leende på läpparna.

"Tack," sa Flamma och böjde sig ner för att nappa musen. "Utan dig hade jag aldrig vågat försöka igen."

Musen skrattade. "Du hade modet inom dig hela tiden, Flamma. Jag hjälpte dig bara att hitta det."

Från den dagen flög Flamma varje dag. Hon försökte nya trick och utmanade sig själv, men oavsett vad som hände, mindes hon alltid att det viktiga inte var att aldrig falla, utan att alltid resa sig igen.

Och så levde Flamma lycklig i alla sina dagar, med vinden under sina vingar och modet i sitt hjärta.

The Dragon Who Forgot How to Fly

Once upon a time, there was a little dragon named Flamma. She lived in a vast, lush valley where the sun always shone and the birds always sang. Flamma was not like other dragons; her scales shimmered with all the colors of the rainbow, and when she flew, a trail of sparkling stardust followed her. She was a dragon that everyone loved, but there was one problem – Flamma had forgotten how to fly.

Flamma used to be the most skilled flyer in the entire valley. She soared higher than the clouds and faster than the wind. But one day, when she was showing her friends a new trick, she lost her balance and tumbled to the ground. No one was hurt, but Flamma was scared. From that day, she didn't dare to fly again.

Every day she sat at the edge of the valley, watching the other dragons flying high up in the sky. She sighed deeply and thought to herself, "Maybe I'm not meant to fly anymore."

One day, as Flamma sat alone and gazed out over the valley, a little mouse approached her. "Hello, Flamma," said the mouse. "Why are you so sad?"

"I've forgotten how to fly," Flamma replied, lowering her head. "I was once the best flyer, but now I don't even dare to try."

The mouse smiled and sat down next to her. "You know, Flamma, sometimes we forget things we once knew. But that doesn't mean we can never learn them again. Sometimes we just need someone to remind us."

Flamma looked at the mouse with big eyes. "But what if I fail again? What if I fall?"

The mouse shrugged. "Everyone falls sometimes. But it's not the falling that matters; it's getting back up again."

With the mouse's words in her heart, Flamma decided to try again. She climbed up a tall hill and spread her wings. Her heart raced, and she felt fear bubbling up inside her. But then she remembered the mouse's words. "It's not the falling that matters; it's getting back up again."

With a deep breath, she threw herself over the edge. At first, it felt like she was going to fall, but suddenly, she remembered how. Her wings cut through the air, and for the first time in a long time, she felt the wind in her face.

She flew higher and higher until she almost reached the clouds. The birds sang, and the valley sparkled below her. Flamma laughed out loud, a laugh full of joy and freedom. She hadn't just relearned how to fly; she had found the courage to try, despite her fear.

When she landed, all her friends rushed to congratulate her. The mouse was there too, with a broad smile on his face.

"Thank you," Flamma said, bending down to nuzzle the mouse. "Without you, I would never have dared to try again."

The mouse laughed. "The courage was inside you all along, Flamma. I just helped you find it."

From that day on, Flamma flew every day. She tried new tricks and challenged herself, but no matter what happened, she always remembered that what mattered was not never falling, but always getting back up again.

And so, Flamma lived happily ever after, with the wind beneath her wings and courage in her heart.

Björnen som Ville Dela Sitt Hem

Det var en gång en björn som hette Bamse. Han bodde i en stor och mysig grotta djupt inne i skogen. Grottan var fylld med allt som en björn kunde önska sig – mjuka mossa att sova på, en porlande bäck utanför som alltid hade kallt, klart vatten, och en hög med söta bär som han plockat under sommaren. Men trots allt detta kände sig Bamse ensam.

En dag, när Bamse satt vid ingången till sin grotta och tittade ut över skogen, fick han syn på en liten ekorre som skuttade förbi. Ekorren såg glad ut och bar på en nöt i munnen. Bamse undrade hur det skulle kännas att ha någon att dela sin grotta med, någon som kunde hålla honom sällskap under de långa vinternätterna.

"Hallå där, ekorre!" ropade Bamse.

Ekorren stannade till och tittade upp på den stora björnen. "Hej, Bamse! Vad kan jag hjälpa dig med?"

"Jag undrar om du kanske skulle vilja komma och bo med mig i min grotta?" frågade Bamse. "Jag har gott om plats och massor av bär att dela med mig av."

Ekorren log, men skakade på huvudet. "Tack för erbjudandet, Bamse, men jag bor i ett träd och trivs bäst där. Jag älskar att skutta mellan grenarna och sova i mitt varma bo. Men varför frågar du?"

Bamse suckade och tittade ner i marken. "Jag känner mig ensam i min stora grotta. Det finns så mycket plats och så mycket att dela med sig av, men ingen att dela det med."

Ekorren nickade förstående. "Kanske du kan hitta någon annan som skulle vilja bo hos dig? Kanske någon som behöver ett hem?"

Bamse funderade på ekorrens ord. Nästa dag bestämde han sig för att utforska skogen och se om han kunde hitta någon som behövde ett hem.

När han gick genom skogen mötte han en räv, som låg hopkrupen under ett träd. Räven såg trött och hungrig ut.

"Hallå, räv," sa Bamse försiktigt. "Skulle du vilja komma och bo med mig i min grotta? Jag har mycket plats och mat att dela med mig av."

Räven tittade upp med trötta ögon. "Det låter underbart, Bamse, men jag är rädd för att jag är för rädd för att bo tillsammans med en björn. Vi rävar är vana vid att bo ensamma, och jag skulle nog känna mig osäker."

Bamse kände sig nedstämd, men han respekterade rävens känslor och fortsatte sin vandring. Han mötte en igelkott, en uggla och till och med en rådjur, men alla hade sina egna skäl för att inte kunna flytta in hos honom.

Bamse började känna sig som att han aldrig skulle hitta någon att dela sitt hem med. Men precis när han tänkte vända hemåt, hörde han ett litet pipande ljud. Han följde ljudet och fann en liten, skadad hare som låg gömd under några löv.

"Hare!" utbrast Bamse och böjde sig ner. "Vad har hänt? Är du skadad?"

Haren tittade upp med stora, skrämda ögon. "Ja, jag har skadat min tass, och nu kan jag inte springa eller hitta mat. Jag är så hungrig och kall."

Bamse kände sitt hjärta mjukna. "Kom med mig, lilla hare. Jag har ett varmt hem och mat att dela med mig av. Du kan stanna så länge du behöver."

Med försiktighet lyfte Bamse upp haren och bar henne tillbaka till sin grotta. Han bäddade åt henne med den mjukaste mossan och delade sina bär med henne. Haren åt försiktigt och somnade sedan tryggt i det varma, skyddade hörnet av grottan.

Dagarna gick, och snart hade harens tass läkt. Men hon hade blivit god vän med Bamse och trivdes så bra i grottan att hon inte ville lämna. Bamse var överlycklig – han hade äntligen hittat någon att dela sitt hem med.

Under vintern delade de berättelser, skrattade och tog hand om varandra. Bamse kände sig aldrig ensam igen. Och varje gång någon frågade varför han hade varit så angelägen om att dela sitt hem, svarade han enkelt: "Det är när vi delar med oss som vi verkligen känner oss hela."

Och så levde Bamse och haren lyckliga i alla sina dagar, i den stora, mysiga grottan där de alltid hade varandra.

The Bear Who Wanted to Share His Home

Once upon a time, there was a bear named Bamse. He lived in a large, cozy cave deep in the forest. The cave was filled with everything a bear could wish for – soft moss to sleep on, a bubbling brook outside that always had cool, clear water, and a pile of sweet berries he had gathered during the summer. But despite all of this, Bamse felt lonely.

One day, as Bamse sat at the entrance of his cave, looking out over the forest, he noticed a little squirrel hopping by. The squirrel looked happy, carrying a nut in its mouth. Bamse wondered what it would be like to have someone to share his cave with, someone who could keep him company during the long winter nights.

"Hello there, Squirrel!" Bamse called out.

The squirrel stopped and looked up at the big bear. "Hi, Bamse! What can I do for you?"

"I was wondering if you might like to come and live with me in my cave?" Bamse asked. "I have plenty of space and lots of berries to share."

The squirrel smiled but shook its head. "Thank you for the offer, Bamse, but I live in a tree and I'm happiest there. I love jumping between the branches and sleeping in my warm nest. But why do you ask?"

Bamse sighed and looked down at the ground. "I feel lonely in my big cave. There's so much space and so much to share, but no one to share it with."

The squirrel nodded understandingly. "Maybe you can find someone else who would like to live with you? Maybe someone who needs a home?"

Bamse thought about the squirrel's words. The next day, he decided to explore the forest to see if he could find someone who needed a home.

As he walked through the forest, he came across a fox curled up under a tree. The fox looked tired and hungry.

"Hello, Fox," Bamse said gently. "Would you like to come and live with me in my cave? I have plenty of space and food to share."

The fox looked up with weary eyes. "That sounds wonderful, Bamse, but I'm afraid I'm too scared to live with a bear. We foxes are used to living alone, and I would probably feel unsafe."

Bamse felt downhearted, but he respected the fox's feelings and continued his journey. He met a hedgehog, an owl, and even a deer, but they all had their own reasons for not being able to move in with him.

Bamse began to feel like he would never find anyone to share his home with. But just as he was about to turn back, he heard a small squeaking sound. He followed the sound and found a little, injured hare hiding under some leaves.

"Hare!" Bamse exclaimed, bending down. "What happened? Are you hurt?"

The hare looked up with big, frightened eyes. "Yes, I hurt my paw, and now I can't run or find food. I'm so hungry and cold."

Bamse felt his heart soften. "Come with me, little hare. I have a warm home and food to share. You can stay as long as you need."

Carefully, Bamse picked up the hare and carried her back to his cave. He made a bed for her with the softest moss and shared his berries with her. The hare ate carefully and then fell asleep, safely nestled in the warm, protected corner of the cave.

The days passed, and soon the hare's paw healed. But she had become good friends with Bamse and enjoyed the cave so much that she didn't want to leave. Bamse was overjoyed – he had finally found someone to share his home with.

Throughout the winter, they shared stories, laughed, and took care of each other. Bamse never felt lonely again. And whenever someone asked why he had been so eager to share his home, he would simply reply, "It is when we share that we truly feel whole."

And so, Bamse and the hare lived happily ever after, in the large, cozy cave where they always had each other.

Enhörningen som Hittade Sin Magi

Djupt inne i den förtrollade skogen fanns en plats som inte många hade sett. Där, bland de höga träden och de glittrande bäckarna, levde en enhörning som hette Lystra. Hon var inte som andra enhörningar. Medan de andra hade gnistrande horn och fladdrande manar i regnbågens färger, hade Lystra ett horn som var matt och en päls som bara skimrade svagt i månskenet.

Lystra var älskad av alla i skogen för sin vänlighet och sitt goda hjärta, men innerst inne kände hon sig annorlunda, som om hon saknade något viktigt – sin magi. De andra enhörningarna kunde skapa regnbågar med ett enda andetag eller få blommor att blomma med ett litet språng, men Lystra, hon kunde bara se på.

En dag när Lystra vandrade längs en stig i skogen, stannade hon vid en glänta där solen sken ner genom träden. Hon såg på hur fåglarna flög över huvudet och hur fjärilarna dansade i luften. En liten tår föll från hennes öga.

"Varför kan jag inte hitta min magi?" viskade hon till sig själv.

Plötsligt hörde hon ett svagt prasslande i buskarna. Ut kom en liten hare med långa öron och stora, nyfikna ögon.

"Hej, Lystra!" ropade haren. "Varför ser du så ledsen ut?"

Lystra log sorgset mot haren. "Jag önskar att jag kunde vara som de andra enhörningarna, med magi som kan lysa upp skogen. Men jag har inget speciellt, inget som gör mig unik."

Haren funderade en stund och sen sa han, "Men Lystra, har du någonsin försökt att hitta din magi? Ibland är den gömd djupt inom oss, och vi måste leta efter den."

Lystra rynkade pannan. "Hur ska jag hitta den om jag inte ens vet vad jag letar efter?"

"Du måste följa ditt hjärta," svarade haren. "Kanske din magi inte är som de andras. Kanske är den något ännu vackrare, något som bara du kan upptäcka."

Med dessa ord började Lystra känna ett litet hopp växa inom sig. Hon tackade haren och bestämde sig för att börja sin sökning.

Dagarna gick, och Lystra vandrade längre och längre bort från skogens mitt. Hon mötte många varelser på vägen – en vänlig uggla som visade henne de högsta bergen, en klok sköldpadda som ledde henne till den djupaste sjön och en sprallig ekorre som pekade henne mot den ljusaste ängen.

Men oavsett vart hon gick, kände hon sig fortfarande lika tom. Ingenstans fann hon den magi som hon så desperat sökte.

En kväll när Lystra hade lagt sig till rätta under ett stort träd och tittade upp på stjärnorna, kände hon en varm bris svepa genom skogen. Det var som om vinden viskade till henne, "Du behöver inte leta längre, Lystra. Magin finns redan inom dig."

Först förstod hon inte vad vinden menade. Hon hade sökt överallt, men hade inte funnit något. Men då började hon tänka på alla de varelser hon mött på sin resa, hur de hade hjälpt henne utan att tveka. Hon insåg att hon hade spridit glädje och värme var hon än gått, utan att ens tänka på det.

Plötsligt kände hon ett litet pirrande i sitt horn. Hon reste sig långsamt och märkte att det började lysa, först svagt, men sedan starkare och starkare, tills det glittrade som de klaraste stjärnorna på himlen.

Lystra skrattade av glädje. Hon förstod nu – hennes magi var inte något som behövde upptäckas utanför henne själv. Den hade alltid funnits där, gömd i hennes vänliga hjärta och den värme hon spridit till andra.

Hon återvände till den förtrollade skogen, och när de andra enhörningarna såg hennes skinande horn, samlades de runt henne.

"Din magi är vackrare än någon annan," sa en av de äldsta enhörningarna. "Du har funnit den genom att vara den du är."

Från den dagen lyste Lystra starkare än någon annan enhörning i skogen. Hon behövde inte längre leta efter något utanför sig själv, för hon visste att hennes sanna magi alltid hade varit hennes goda hjärta.

Och så levde Lystra lycklig i alla sina dagar, med sitt skinande horn och sitt varma hjärta, alltid redo att dela sin magi med världen.

The Unicorn Who Found Her Magic

Deep within the enchanted forest, there was a place few had seen. There, among the tall trees and sparkling streams, lived a unicorn named Lystra. She was not like the other unicorns. While the others had glittering horns and flowing manes in all the colors of the rainbow, Lystra's horn was dull, and her coat shimmered only faintly in the moonlight.

Lystra was loved by everyone in the forest for her kindness and good heart, but deep down, she felt different, as if she was missing something important – her magic. The other unicorns could create rainbows with a single breath or make flowers bloom with a little leap, but Lystra could only watch.

One day, as Lystra walked along a path in the forest, she stopped in a clearing where the sun shone down through the trees. She watched the birds flying overhead and the butterflies dancing in the air. A small tear fell from her eye.

"Why can't I find my magic?" she whispered to herself.

Suddenly, she heard a faint rustling in the bushes. Out came a little hare with long ears and big, curious eyes.

"Hello, Lystra!" the hare called out. "Why do you look so sad?"

Lystra smiled sadly at the hare. "I wish I could be like the other unicorns, with magic that lights up the forest. But I have nothing special, nothing that makes me unique."

The hare thought for a moment, then said, "But Lystra, have you ever tried to find your magic? Sometimes it's hidden deep within us, and we have to search for it."

Lystra frowned. "How can I find it if I don't even know what I'm looking for?"

"You must follow your heart," the hare replied. "Maybe your magic isn't like the others'. Maybe it's something even more beautiful, something only you can discover."

With these words, Lystra felt a small hope growing inside her. She thanked the hare and decided to begin her search.

Days passed, and Lystra wandered farther and farther from the heart of the forest. She met many creatures along the way – a friendly owl who showed her the highest mountains, a wise turtle who led her to the deepest lake, and a playful squirrel who pointed her toward the brightest meadow.

But no matter where she went, she still felt as empty as before. Nowhere did she find the magic she so desperately sought.

One evening, as Lystra lay down under a large tree and gazed up at the stars, she felt a warm breeze sweep through the forest. It was as if the wind whispered to her, "You don't need to search anymore, Lystra. The magic is already within you."

At first, she didn't understand what the wind meant. She had searched everywhere, but found nothing. But then she began to think of all the creatures she had met on her journey, how they had helped her without hesitation. She realized that she had spread joy and warmth wherever she went, without even thinking about it.

Suddenly, she felt a little tingling in her horn. She stood up slowly and noticed that it was beginning to glow, first faintly, but then stronger and stronger, until it sparkled like the brightest stars in the sky.

Lystra laughed with joy. She understood now – her magic wasn't something to be discovered outside of herself. It had always been there, hidden in her kind heart and the warmth she spread to others.

She returned to the enchanted forest, and when the other unicorns saw her shining horn, they gathered around her.

"Your magic is more beautiful than any other," said one of the oldest unicorns. "You found it by being who you are."

From that day on, Lystra shone brighter than any other unicorn in the forest. She no longer needed to search for anything outside herself, for she knew that her true magic had always been her kind heart.

And so, Lystra lived happily ever after, with her shining horn and warm heart, always ready to share her magic with the world.

Dagen som Blev Magisk

Det var en grå och regnig morgon i den lilla byn vid skogsbrynet. Molnen hängde tunga över husen, och regndropparna föll som ett mjukt täcke över marken. Alla byns invånare höll sig inne i sina varma, torra hus, och endast de modigaste eller mest upptagna vågade sig ut i det blöta vädret.

I ett av husen, med ett litet blått tak och vita fönsterkarmar, satt en pojke vid sitt fönster. Han hette Elias och hade alltid älskat att vara ute och leka i skogen, men just den här dagen kändes det som om världen var insvept i en filt av tristess. Regnet smattrade mot rutorna, och himlen verkade aldrig vilja ljusna.

"Det finns ingenting att göra," suckade Elias och lutade sin panna mot fönstret. Han kunde höra hur vinden ven genom träden och hur regnet dansade på taket, men istället för att känna sig lugn av ljuden, kände han sig bara mer rastlös.

Elias mamma tittade in i rummet. "Vad är det, min vän?" frågade hon. "Varför är du så dyster idag?"

"Det regnar och jag kan inte gå ut och leka," svarade Elias. "Allt känns bara så tråkigt."

Hans mamma log mjukt och satte sig bredvid honom. "Kanske det inte är så illa som det verkar," sa hon och lade armen om honom. "Ibland kan regn ge oss något oväntat, något magiskt."

Elias rynkade pannan. "Vad menar du?"

"Du måste bara titta noga och vara öppen för det som regnet kan föra med sig," sa hon med ett hemlighetsfullt leende. "Gå ut och se själv, Elias. Du kanske blir förvånad över vad du hittar."

Medan han funderade över hennes ord, hörde han ett svagt, rytmiskt ljud som inte var från regnet. Det lät som små tassar som sprang över golvet. Elias tittade ner och såg sin lilla hund, Max, vifta på svansen och hoppa glatt runt hans fötter.

"Vill du gå ut, Max?" frågade Elias, och hunden skällde till som svar.

Elias kände hur rastlösheten förvandlades till en gnista av nyfikenhet. Kanske fanns det något mer än bara regn där ute. Han drog på sig sin gula regnrock och stövlar, och tillsammans med Max öppnade han dörren och steg ut på verandan.

Regnet föll fortfarande, men när Elias stod där och kände dropparna mot sitt ansikte, märkte han något annorlunda. Det var som om luften var fylld av en slags förväntan, en känsla av att något speciellt skulle hända.

Max skuttade ivrigt nerför trappan och började springa mot skogen. Elias följde efter, och de båda trampade genom pölar och leriga stigar. Trots att regnet forsade ner, kände Elias inte den där tunga tristessen längre. Istället började han le. Max snurrade runt, nosade på allt han såg och plaskade lyckligt i de största pölarna han kunde hitta.

De nådde kanten av skogen, och Elias märkte hur allt såg annorlunda ut i regnet. Träden, som vanligtvis stod raka och stolta, böjde sig nu mjukt under regndropparnas vikt. Bladen glittrade som om de var täckta av små diamanter, och marken var mjuk och doftade av våt jord.

Men det var inte bara skogen som förändrats. När Elias tittade upp mot himlen, såg han något som fick honom att tappa andan. Mitt i regnet, ovanför trädkronorna, började färgerna att skina fram – först svagt, men sedan allt starkare. En regnbåge! Den sträckte sig högt upp över skogen, och dess färger var de klaraste Elias någonsin sett.

"Wow!" utropade han och kunde knappt tro sina ögon. Max stannade och tittade också upp, som om han också kunde känna hur speciellt det var.

Men regnbågen var inte det enda som gjorde denna dag magisk. När Elias gick djupare in i skogen, märkte han något märkligt. Längs en stig som han gått så många gånger förr, fanns plötsligt något nytt – små, lysande blommor som verkade ha dykt upp ur ingenstans. De hade inte funnits där förut, det var han säker på.

Förundrad stannade Elias och böjde sig ner för att titta närmare. Blommorna var små och sköra, med kronblad som skimrade i regnbågens alla färger. Han rörde vid en av dem och kände hur den var mjuk som siden.

"Det här är verkligen magiskt," viskade Elias för sig själv. "Mamma hade rätt."

Max nosade nyfiket på blommorna men lät dem vara, som om han visste att de var något speciellt.

Elias började plocka några av blommorna, försiktigt så att han inte skadade dem. Han ville ta med dem hem och visa sin mamma det fantastiska han hittat. När han hade en liten bukett i handen, började han gå tillbaka mot byn.

Regnet började avta när Elias och Max kom ut ur skogen. Luften var frisk och klar, och allt kändes annorlunda – som om världen hade vaknat till liv efter regnet. När de nådde huset, skyndade Elias in för att visa sin mamma de magiska blommorna.

"Mamma! Titta vad jag hittade!" ropade han och höll fram buketten.

Hans mamma log varmt och böjde sig ner för att betrakta blommorna. "De är vackra, Elias. Ser du nu vad jag menade med att regnet kan föra med sig magi?"

Elias nickade ivrigt. "Jag förstår det nu. Jag trodde att regnet skulle göra allt tråkigt, men istället visade det mig något jag aldrig sett förut."

Hans mamma skrattade mjukt och kramade om honom. "Regnet har en förmåga att tvätta bort det gamla och ge plats för det nya. Du måste bara vara villig att se det."

Från den dagen såg Elias på regniga dagar med nya ögon. Han visste att de inte längre bara var dagar av tristess och instängdhet, utan dagar fyllda med möjligheten att upptäcka något nytt och oväntat. Och varje gång det började regna, tog han på sig sin gula regnrock och gav sig ut i skogen för att se vilken magi naturen skulle visa honom denna gång.

Så, om du någon gång känner dig nedstämd på en regnig dag, kom ihåg Elias och hans upptäckt. Gå ut i regnet, lyssna till

naturens viskningar, och du kanske också hittar något magiskt
som väntar på att upptäckas.

29

The Day That Turned Magical

It was a gray and rainy morning in the little village at the edge of the forest. The clouds hung heavy over the houses, and raindrops fell like a soft blanket over the ground. All the villagers stayed inside their warm, dry homes, and only the bravest or busiest dared to venture out into the wet weather.

In one of the houses, with a little blue roof and white window frames, a boy sat by his window. His name was Elias, and he had always loved playing outside in the forest, but today, it felt as if the world was wrapped in a blanket of boredom. The rain pattered against the windows, and the sky seemed like it would never brighten.

"There's nothing to do," sighed Elias, resting his forehead against the glass. He could hear the wind whistling through the trees and the rain dancing on the roof, but instead of feeling calm by the sounds, he just felt more restless.

Elias's mother peeked into the room. "What's wrong, my dear?" she asked. "Why do you look so gloomy today?"

"It's raining, and I can't go out and play," Elias replied. "Everything just feels so boring."

His mother smiled gently and sat down beside him. "Maybe it's not as bad as it seems," she said, wrapping her arm around him. "Sometimes rain brings us something unexpected, something magical."

Elias frowned. "What do you mean?"

"You just have to look closely and be open to what the rain might bring," she said with a secretive smile. "Go out and see for yourself, Elias. You might be surprised by what you find."

As he pondered her words, he heard a faint, rhythmic sound that wasn't from the rain. It sounded like tiny paws scurrying across the floor. Elias looked down and saw his little dog, Max, wagging his tail and jumping around his feet.

"Do you want to go outside, Max?" Elias asked, and the dog barked in response.

Elias felt his restlessness turn into a spark of curiosity. Maybe there was more out there than just rain. He put on his yellow raincoat and boots, and together with Max, he opened the door and stepped out onto the porch.

The rain was still falling, but as Elias stood there, feeling the drops on his face, he noticed something different. It was as if the air was filled with a kind of anticipation, a feeling that something special was about to happen.

Max eagerly bounded down the steps and began running toward the forest. Elias followed, and the two of them splashed through puddles and muddy paths. Despite the pouring rain, Elias no longer felt that heavy boredom. Instead, he began to smile. Max twirled around, sniffing everything he saw and happily splashing in the biggest puddles he could find.

They reached the edge of the forest, and Elias noticed how everything looked different in the rain. The trees, usually standing tall and proud, now bent softly under the weight of the raindrops. The leaves glittered as if covered in tiny diamonds, and the ground was soft and smelled of wet earth.

But it wasn't just the forest that had changed. When Elias looked up at the sky, he saw something that took his breath away. In the middle of the rain, above the treetops, colors began to shine through – faintly at first, but then stronger and stronger. A rainbow! It stretched high over the forest, and its colors were the brightest Elias had ever seen.

"Wow!" he exclaimed, hardly believing his eyes. Max stopped and looked up too, as if he could also sense how special it was.

But the rainbow wasn't the only thing that made this day magical. As Elias walked deeper into the forest, he noticed something unusual. Along a path he had walked many times before, there was suddenly something new – small, glowing flowers that seemed to have appeared out of nowhere. They hadn't been there before, he was sure of it.

Amazed, Elias stopped and bent down to take a closer look. The flowers were small and delicate, with petals that shimmered in all the colors of the rainbow. He touched one and felt how it was soft as silk.

"This really is magic," Elias whispered to himself. "Mom was right."

Max sniffed at the flowers curiously but left them alone, as if he knew they were something special.

Elias began to pick a few of the flowers, carefully so as not to hurt them. He wanted to take them home and show his mother the wonderful thing he had found. With a small bouquet in hand, he started walking back toward the village.

The rain began to let up as Elias and Max emerged from the forest. The air was fresh and clear, and everything felt different – as if the world had come alive after the rain. When they reached the house, Elias hurried inside to show his mother the magical flowers.

"Mom! Look what I found!" he exclaimed, holding out the bouquet.

His mother smiled warmly and bent down to examine the flowers. "They're beautiful, Elias. Do you see now what I meant about the rain bringing magic?"

Elias nodded eagerly. "I understand it now. I thought the rain would make everything boring, but instead, it showed me something I'd never seen before."

His mother chuckled softly and hugged him. "Rain has a way of washing away the old and making room for the new. You just have to be willing to see it."

From that day on, Elias looked at rainy days with new eyes. He knew they were no longer just days of boredom and being stuck inside, but days filled with the possibility of discovering something new and unexpected. And every time it started to rain, he put on his yellow raincoat and headed out into the forest to see what magic nature would show him this time.

So, if you ever feel down on a rainy day, remember Elias and his discovery. Go out in the rain, listen to nature's whispers, and you too might find something magical waiting to be discovered.

35

Den Lille Isbjörnen

Långt uppe i norr, där isen sträcker sig så långt ögat kan nå och snön alltid ligger tjock, bodde en liten isbjörn som hette Ivar. Han var inte som de andra isbjörnarna i sin flock, för medan de njöt av de kalla vindarna och de ändlösa vita vidderna, kände Ivar en djup längtan efter något mer.

Varje morgon, när solen försiktigt kikade fram över horisonten och färgade himlen i rosa och guld, brukade Ivar klättra upp på en av de högsta snödrivorna för att titta ut över isen. Han satt där länge, med ögonen fästa på horisonten, och drömde om vad som fanns bortom den.

"Ivar, kom och lek med oss!" ropade hans vänner, de andra ungarna som rullade runt i snön och skrattade högt. Men Ivar skakade bara på huvudet.

"Jag vill veta vad som finns bortom isen," sa han. "Jag undrar om det finns något annat än snö och kyla."

De andra ungarna skrattade och fortsatte sina lekar. "Det finns ingenting annat än snö, is och vatten här, Ivar. Det är allt vi behöver."

Men Ivar kunde inte släppa tanken. Varje dag blev hans längtan starkare, och varje natt drömde han om gröna skogar, varma vindar och färger han aldrig sett. Ibland undrade han om han var den enda isbjörnen som kände så här, eller om det fanns andra som också drömde om något mer.

En natt, när fullmånen lyste över den frusna landskapet, bestämde Ivar sig. Han kunde inte vänta längre. Han behövde veta vad som fanns bortom isen, även om det innebar att han skulle behöva lämna sin familj och sitt hem.

"Jag måste gå," viskade han till sig själv medan han smög sig ut från den lilla grottan där hans familj sov. "Jag måste hitta det jag söker."

Med varsamma steg började Ivar sin resa. Snön knarrade under hans tassar, och vinden sjöng sin ensamma sång. Men trots kylan kände Ivar sig varm inombords, som om hans hjärta visste att han var på rätt väg.

Han vandrade i flera dagar, och landskapet förändrades inte mycket. Snön låg fortfarande tjock, och isflaken gled tyst över det frusna havet. Men en morgon, när Ivar vaknade upp, märkte han att något var annorlunda. Luften var mildare, och istället för den vanliga gråa himlen såg han en svag antydan till blått.

Nyfiken skyndade han vidare, och ju längre han gick, desto mer förändrades allt omkring honom. Snön blev tunnare, och under den kunde han se marken – riktig jord! Och snart, mycket snart, såg han något som fick hans hjärta att slå snabbare: träd. Gröna träd med stora, mjuka blad.

"Det finns något mer!" utropade Ivar för sig själv, fylld av en glädje han aldrig känt förut. Han rusade fram mot träden, och när han nådde dem, kände han hur deras grenar sträckte sig ut som för att välkomna honom. Luften doftade av något nytt och spännande, och solen värmde hans päls på ett sätt han aldrig upplevt tidigare.

Men trots sin glädje kände Ivar en gnagande oro. "Vad händer om jag inte hör hemma här?" tänkte han. "Vad händer om jag inte kan överleva utan isen och snön?"

Det var då han hörde ett mjukt prassel bakom sig. Ivar vände sig om och möttes av en överraskande syn – en annan björn, men inte en isbjörn. Den här björnen var brun, med en tjock päls som glänste i solen. Den tittade på honom med snälla, vänliga ögon.

"Hej där," sa den bruna björnen. "Vad gör en liten isbjörn så långt hemifrån?"

Ivar tvekade. "Jag... jag letar efter något mer," svarade han ärligt. "Jag ville se om det fanns något annat än is och snö."

Den bruna björnen log. "Det finns alltid något mer, om man bara vågar söka efter det. Jag heter Brune. Vad heter du?"

"Ivar," sa isbjörnen och kände sig plötsligt lite tryggare.

"Det är bra att våga lämna det bekanta för att upptäcka nya saker," fortsatte Brune. "Men det betyder inte att man måste ge upp sitt gamla liv helt. Följ med mig, så ska jag visa dig något."

Tillsammans vandrade de genom skogen, och för varje steg kände Ivar hur hans osäkerhet minskade. Brune berättade historier om skogslivet, om de varma somrarna och de kalla vintrarna, om hur allt hade sin tid och plats. Ivar lyssnade fascinerat och började förstå att det kanske inte handlade om att välja mellan två världar, utan att lära sig att leva med båda.

Efter en lång promenad kom de till en plats där skogen mötte en stor sjö. Vattnet glittrade i solens ljus, och runt omkring sjön fanns grönskande växter och blommor i alla möjliga färger. Ivar hade aldrig sett något så vackert.

"Det här är min favoritplats," sa Brune. "Här kan jag vara ensam och tänka, precis som du gör uppe på din is."

Ivar satte sig ner vid sjön och såg sin spegelbild i det klara vattnet. "Jag tror jag förstår nu," sa han tyst. "Jag behövde se något nytt för att kunna uppskatta det jag har."

Brune nickade. "Precis så är det. Det är bra att upptäcka nya saker, men glöm aldrig var du kommer ifrån."

När kvällen närmade sig och solen började sjunka ner bakom bergen, visste Ivar att det var dags att återvända hem. Han tackade Brune för all hjälp och började sin långa resa tillbaka över isen.

När Ivar äntligen kom hem, var det som om allt såg annorlunda ut. Han såg på isen och snön med nya ögon, inte som något som begränsade honom, utan som något som var en del av vem han var. Och han visste att han alltid kunde återvända till skogen när han längtade efter något nytt, men att hans hjärta alltid skulle höra hemma i den kalla, klara världen av is och snö.

Från den dagen berättade Ivar sina historier för de andra ungarna, och även om de skrattade åt tanken på gröna skogar och varma vindar, lyssnade de ändå. För kanske, någon dag, skulle de också känna samma längtan som Ivar hade känt, och då skulle de veta att det finns en hel värld där ute att upptäcka – om man bara vågar ta första steget.

The Little Polar Bear

Far up north, where the ice stretches as far as the eye can see and the snow always lies thick, lived a little polar bear named Ivar. He wasn't like the other polar bears in his pack, for while they enjoyed the cold winds and the endless white expanses, Ivar felt a deep longing for something more.

Every morning, when the sun gently peeked over the horizon, painting the sky in pink and gold, Ivar would climb up one of the tallest snowdrifts to look out over the ice. He sat there for a long time, his eyes fixed on the horizon, dreaming of what might lie beyond it.

"Ivar, come and play with us!" called his friends, the other cubs who were rolling around in the snow and laughing loudly. But Ivar just shook his head.

"I want to know what's beyond the ice," he said. "I wonder if there's more than snow and cold."

The other cubs laughed and continued their games. "There's nothing but snow, ice, and water here, Ivar. That's all we need."

But Ivar couldn't let go of the thought. Every day, his longing grew stronger, and every night he dreamed of green forests, warm winds, and colors he had never seen. Sometimes he wondered if he was the only polar bear who felt this way or if there were others who also dreamed of something more.

One night, when the full moon shone over the frozen landscape, Ivar made up his mind. He couldn't wait any longer. He needed to know what was beyond the ice, even if it meant leaving his family and home.

"I have to go," he whispered to himself as he snuck out of the small cave where his family slept. "I have to find what I'm looking for."

With careful steps, Ivar began his journey. The snow crunched under his paws, and the wind sang its lonely song. But despite the cold, Ivar felt warm inside, as if his heart knew he was on the right path.

He walked for several days, and the landscape didn't change much. The snow was still thick, and the ice floes slid quietly over the frozen sea. But one morning, when Ivar woke up, he noticed that something was different. The air was milder, and instead of the usual gray sky, he saw a faint hint of blue.

Curious, he hurried on, and the further he walked, the more everything around him changed. The snow grew thinner, and underneath it, he could see the ground – real soil! And soon, very soon, he saw something that made his heart beat faster: trees. Green trees with large, soft leaves.

"There is something more!" Ivar exclaimed to himself, filled with a joy he had never felt before. He rushed toward the trees, and when he reached them, he felt their branches stretch out as if to welcome him. The air smelled of something new and exciting, and the sun warmed his fur in a way he had never experienced before.

But despite his joy, Ivar felt a gnawing worry. "What if I don't belong here?" he thought. "What if I can't survive without the ice and snow?"

It was then that he heard a soft rustle behind him. Ivar turned around and was met by a surprising sight – another bear, but not a polar bear. This bear was brown, with thick fur that gleamed in the sun. It looked at him with kind, friendly eyes.

"Hello there," said the brown bear. "What is a little polar bear doing so far from home?"

Ivar hesitated. "I... I'm looking for something more," he answered honestly. "I wanted to see if there was something other than ice and snow."

The brown bear smiled. "There's always something more if you're willing to search for it. My name is Brune. What's yours?"

"Ivar," said the polar bear, feeling suddenly a bit safer.

"It's good to dare to leave the familiar to discover new things," Brune continued. "But that doesn't mean you have to give up your old life completely. Come with me, and I'll show you something."

Together, they walked through the forest, and with every step, Ivar felt his uncertainty diminish. Brune told stories about life in the forest, about the warm summers and the cold winters, about how everything had its time and place. Ivar listened fascinated and began to understand that maybe it wasn't about choosing between two worlds, but about learning to live with both.

After a long walk, they came to a place where the forest met a large lake. The water glittered in the sunlight, and around the lake were lush plants and flowers in all sorts of colors. Ivar had never seen anything so beautiful.

"This is my favorite place," said Brune. "Here I can be alone and think, just like you do up on your ice."

Ivar sat down by the lake and saw his reflection in the clear water. "I think I understand now," he said quietly. "I needed to see something new to appreciate what I have."

Brune nodded. "That's exactly right. It's good to discover new things, but never forget where you come from."

As evening approached and the sun began to set behind the mountains, Ivar knew it was time to return home. He thanked Brune for all the help and began his long journey back across the ice.

When Ivar finally returned home, it was as if everything looked different. He saw the ice and snow with new eyes, not as something that limited him, but as something that was a part of who he was. And he knew that he could always return to the forest when he longed for something new, but that his heart would always belong to the cold, clear world of ice and snow.

From that day on, Ivar shared his stories with the other cubs, and even though they laughed at the idea of green forests and warm winds, they still listened. Because maybe, someday, they too would feel the same longing that Ivar had felt, and then they would know that there is a whole world out there to discover – if only you dare to take the first step.

45

Kapten Flints Magiska Karta

Långt ute på det glittrande blå havet seglade ett stort piratskepp med svarta segel och en gyllene kompass inristad i fören. Skeppet hette Den Stora Sjörövaren, och dess kapten var den berömde och kanske lite fruktade Kapten Flint. Men till skillnad från många andra pirater, var Kapten Flint inte grym eller girig. Han var en vänlig man, känd för sitt stora hjärta och sin orubbliga vilja att alltid göra rätt.

Kapten Flint hade en dröm – en dröm som hade följt honom sedan han var en liten pojke som växte upp på en liten ö i Karibien. Han drömde om att hitta den mest legendariska skatten av dem alla: Hjärtat av Oceanen. Denna skatt sades kunna uppfylla ens innersta önskan, vad den än må vara. Men ingen hade någonsin hittat den, för den fanns gömd på en hemlig plats som bara kunde avslöjas av en särskild magisk karta.

En dag, när skeppet låg för ankar vid en avlägsen ö, upptäckte Flint något märkligt i en gammal sjökista som han hade hittat gömd i en grotta. Det var en karta, men inte en vanlig sådan. Den var gammal och sliten, men när han rörde vid den med sina fingrar började den skimra i ett svagt ljus, som om den var levande.

"Det här är det!" ropade Kapten Flint exalterat och visade kartan för sin besättning. "Det här är den magiska kartan som ska leda oss till Hjärtat av Oceanen!"

Besättningen jublade. De hade seglat över sju hav och kämpat mot stormar och havsodjur, och nu verkade det som om deras dröm äntligen skulle bli verklighet. Men den magiska kartan var inte lätt att läsa. Istället för vanliga landmärken och koordinater, var den täckt av gåtfulla symboler och texter som verkade förändras varje gång någon försökte läsa dem.

"Det här kommer inte bli enkelt," muttrade Flint medan han studerade kartan. "Men vi är pirater – och pirater ger aldrig upp!"

Så började deras resa. Skeppet seglade över djupa hav och genom smala passager, följde kartans mystiska symboler som ibland visade vägen och ibland förvirrade dem. Men varje gång de började tappa modet, påminde Flint dem om skatten som väntade.

Efter flera veckor till havs nådde de en ö som var olik någon annan de tidigare hade sett. Ön var täckt av tjock djungel och höga berg, och luften var fylld av doften av blommor och frukter som ingen på skeppet någonsin hade känt förut. Men kartan glödde starkare än någonsin, vilket berättade för dem att de var på rätt plats.

De gick iland och började sin vandring genom djungeln, med kartan som deras enda vägledning. De klättrade uppför branta klippor och vadade genom djupa floder. Flera gånger fick de kämpa mot faror som vilda djur och förrädiska växter, men de gav aldrig upp. Flint ledde dem framåt med mod och beslutsamhet, alltid med blicken fäst på målet.

Till slut, efter många strapatser, nådde de en hemlig dal mitt i ön. Dalen var omgiven av höga klippor, och i dess mitt stod ett gammalt tempel, täckt av slingrande vinrankor och mossa. Kartan ledde dem till templets port, och när Flint tryckte den mot den stora stendörren, öppnades den med ett djupt mullrande ljud.

Inuti templet var det svalt och mörkt, men på väggarna fanns gamla målningar som berättade historien om Hjärtat av Oceanen. Flint och hans besättning följde gångarna tills de nådde ett stort rum med en pedestal i mitten. På pedestalen låg det – Hjärtat av Oceanen, en gnistrande blå pärla som lyste upp hela rummet med ett magiskt sken.

Kapten Flint närmade sig försiktigt och sträckte ut handen mot pärlan. När han rörde vid den kände han en varm, mjuk energi sprida sig genom kroppen, och han visste att han hade funnit det han alltid hade sökt.

"Vad önskar du dig, Kapten?" frågade en av hans besättningsmedlemmar tyst.

Flint log. "Min önskan har alltid varit att hitta Hjärtat av Oceanen. Men nu när jag har det i mina händer, inser jag att det jag verkligen önskar mig är att vi alla ska komma tillbaka hem, oskadda och lyckliga."

Pärlan glödde starkare, och det var som om den svarade på Flints önskan. En mild vind blåste genom templet, och ljuset från pärlan spreds som ett stjärnfall över hela dalen.

När de lämnade templet och återvände till sitt skepp, kände Flint att något inom honom hade förändrats. Det var inte längre skatten som drev honom framåt, utan tanken på att göra gott och dela sitt äventyr med andra.

Med Hjärtat av Oceanen ombord, satte Den Stora Sjörövaren segel mot hemmet. Resan tillbaka var fylld av skratt och berättelser, och varje medlem av besättningen visste att de hade varit med om något alldeles särskilt.

När de slutligen nådde sin hemmahamn, märkte Flint att hans hemö såg annorlunda ut. Den var lika vacker som han mindes den, men nu såg han den med nya ögon. Han förstod att det inte var skatten i sig som var det viktiga, utan resan som hade fört honom dit och de människor han hade delat den med.

Kapten Flint lade pärlan i en kista, men istället för att gömma den, öppnade han upp sitt hem för alla som ville komma och höra hans historier. Och så blev Den Stora Sjörövaren och dess besättning kända inte bara för sina modiga äventyr, utan också för sin vänlighet och generositet.

Barn från hela världen kom för att höra Kapten Flint berätta om sina resor och om Hjärtat av Oceanen. Och varje gång han berättade, lyste hans ögon lika klart som pärlan själv.

Och så levde Kapten Flint sitt liv, inte bara som en pirat, utan som en upptäckare av det bästa i världen – modet, vänskapen och viljan att alltid följa sitt hjärta.

Captain Flint's Magical Map

Far out on the glittering blue sea sailed a large pirate ship with black sails and a golden compass engraved on the bow. The ship was called The Great Buccaneer, and its captain was the famous and perhaps a little feared Captain Flint. But unlike many other pirates, Captain Flint was not cruel or greedy. He was a kind man, known for his big heart and unwavering will to always do the right thing.

Captain Flint had a dream—a dream that had followed him since he was a little boy growing up on a small island in the Caribbean. He dreamed of finding the most legendary treasure of all: the Heart of the Ocean. This treasure was said to be able to grant one's deepest wish, whatever it might be. But no one had ever found it because it was hidden in a secret place that could only be revealed by a special magical map.

One day, when the ship was anchored at a remote island, Flint discovered something strange in an old sea chest he had found hidden in a cave. It was a map, but not an ordinary one. It was old and worn, but when he touched it with his fingers, it began to shimmer with a faint light, as if it were alive.

"This is it!" Captain Flint shouted excitedly, showing the map to his crew. "This is the magical map that will lead us to the Heart of the Ocean!"

The crew cheered. They had sailed across seven seas and battled storms and sea monsters, and now it seemed their dream would finally come true. But the magical map was not easy to read. Instead of ordinary landmarks and coordinates, it was covered in mysterious symbols and texts that seemed to change every time someone tried to read them.

"This won't be easy," Flint muttered as he studied the map. "But we are pirates—and pirates never give up!"

And so their journey began. The ship sailed over deep seas and through narrow passages, following the map's mysterious symbols that sometimes showed the way and sometimes confused them. But every time they began to lose hope, Flint reminded them of the treasure that awaited.

After several weeks at sea, they reached an island unlike any they had seen before. The island was covered in thick jungle and high mountains, and the air was filled with the scent of flowers and fruits no one on the ship had ever smelled before. But the map glowed stronger than ever, telling them they were in the right place.

They went ashore and began their trek through the jungle, with the map as their only guide. They climbed steep cliffs and waded through deep rivers. Several times they had to fight off dangers like wild animals and treacherous plants, but they never gave up. Flint led them forward with courage and determination, always keeping his eyes on the goal.

Finally, after many hardships, they reached a hidden valley in the middle of the island. The valley was surrounded by high cliffs, and in its center stood an ancient temple, covered in creeping vines and moss. The map led them to the temple's gate, and when Flint pressed it against the large stone door, it opened with a deep rumbling sound.

Inside the temple, it was cool and dark, but on the walls were old paintings that told the story of the Heart of the Ocean. Flint and his crew followed the passages until they reached a large room with a pedestal in the middle. On the pedestal lay the Heart of the Ocean, a sparkling blue gem that lit up the entire room with a magical glow.

Captain Flint approached carefully and reached out his hand to the gem. When he touched it, he felt a warm, soft energy spread through his body, and he knew he had found what he had always sought.

"What do you wish for, Captain?" one of his crew members asked quietly.

Flint smiled. "My wish has always been to find the Heart of the Ocean. But now that I have it in my hands, I realize that what I really wish for is for us all to return home, safe and happy."

The gem glowed brighter, as if it were answering Flint's wish. A gentle breeze blew through the temple, and the light from the gem spread like a shower of stars over the entire valley.

As they left the temple and returned to their ship, Flint felt that something inside him had changed. It was no longer the treasure that drove him forward, but the thought of doing good and sharing his adventure with others.

With the Heart of the Ocean aboard, The Great Buccaneer set sail for home. The journey back was filled with laughter and stories, and every member of the crew knew they had been part of something truly special.

When they finally reached their home port, Flint noticed that his home island looked different. It was just as beautiful as he remembered it, but now he saw it with new eyes. He understood that it wasn't the treasure itself that was important, but the journey that had brought him there and the people he had shared it with.

Captain Flint placed the gem in a chest, but instead of hiding it, he opened his home to all who wanted to come and hear his stories. And so The Great Buccaneer and its crew became known not only for their brave adventures but also for their kindness and generosity.

Children from all over the world came to hear Captain Flint tell about his journeys and the Heart of the Ocean. And every time he told the story, his eyes shone as brightly as the gem itself.

And so Captain Flint lived his life, not just as a pirate but as an explorer of the best in the world—courage, friendship, and the will to always follow one's heart.

Toto och Den Stora Resan

———

Djupt inne i den gröna, täta djungeln fanns ett träd som var högre än alla andra. Det var hemmet för en liten, nyfiken apa vid namn Toto. Toto var inte som de andra aporna i hans familj. Medan de andra aporna var nöjda med att plocka frukt och svinga sig mellan träden, hade Toto alltid en längtan inom sig efter något mer. Han drömde om att se världen utanför djungeln, om att upptäcka nya platser och möta andra djur.

Varje dag satt Toto på den högsta grenen i sitt träd och tittade ut över djungeln. Han såg hur solen steg upp över de dimhöljda bergen i fjärran och hur floderna slingrade sig som silverband genom skogen. "Vad finns bortom bergen?" brukade han undra. "Och vad gömmer sig på andra sidan floden?"

En morgon när solen precis hade börjat värma upp djungeln, bestämde Toto sig. Han kunde inte stanna kvar längre. "Jag måste se vad som finns där ute," sa han till sig själv. Så med ett bestämt hopp svingade han sig ner från trädet och började sin resa.

Toto följde floden, som han visste skulle leda honom närmare bergen. Vägen var inte lätt – han fick klättra över stora stenar, tränga sig genom täta buskar och ibland ta sig över vattendrag. Men Toto var modig, och hans nyfikenhet drev honom framåt.

Efter flera dagars vandring nådde han slutligen foten av de mäktiga bergen. De reste sig som väggar mot himlen, och Toto kände en pirrande känsla av förväntan. "Om jag kan ta mig över bergen, kommer jag att kunna se vad som finns på andra sidan," tänkte han.

Så började Toto klättra. Stigen uppför berget var brant och stenig, men Toto var snabb och skicklig. På vägen mötte han andra djur – en snäll get som visade honom den säkraste vägen, en vis uggla som berättade om stjärnorna, och en rolig ekorre som fick honom att skratta när vägen kändes lång.

När Toto äntligen nådde toppen av berget, stannade han och drog ett djupt andetag. Framför honom bredde en helt ny värld ut sig. Han såg vidsträckta slätter, djupa sjöar, och bortom dem – ett hav så stort att det verkade gå ihop med himlen. Tårar av glädje fyllde Totos ögon. "Det är ännu vackrare än jag någonsin kunnat föreställa mig," viskade han för sig själv.

Men Toto visste att hans resa inte var över än. Han ville se allt! Så han klättrade ner för berget och fortsatte sin resa. På slätterna mötte han en stolt lejonflock som lärde honom om mod, och vid sjöarna simmade han med de snälla delfinerna som berättade historier om havet.

Efter många äventyr nådde Toto slutligen kusten. Havet bredde ut sig så långt ögat kunde nå, och vågorna slog mjukt mot stranden. Toto satte sig ner på en sten och tittade ut över det glittrande vattnet. Han kände sig liten inför havets oändlighet, men samtidigt fylld av en känsla av tillfredsställelse. Han hade gjort det. Han hade sett världen utanför djungeln, och han hade lärt sig så mycket på vägen.

Men mitt i sin glädje kände Toto också en viss saknad. Han tänkte på sin familj och sitt hemträd högt upp i djungeln. "Kanske är det dags att åka hem," tänkte han.

Så med en sista blick ut över havet, vände Toto tillbaka. Resan hem var lång, men Toto kände sig annorlunda nu. Han var inte bara nyfikenheten personifierad längre – han var också fylld av visdom och erfarenheter som han längtade efter att dela med sig av.

När Toto äntligen återvände till sitt träd, blev han välkomnad med öppna armar av sin familj. De hade oroat sig för honom, men när de såg glädjen i hans ögon, visste de att han hade haft en otrolig resa.

Från den dagen blev Toto känd som den visaste apan i hela djungeln. Han berättade historier om sina äventyr för de andra aporna, och alla lyssnade med spänning. Men trots att han hade sett världen, var Toto alltid nöjd med att vara tillbaka hemma i sitt älskade träd.

Men varje morgon, när solen steg över bergen, klättrade Toto upp till den högsta grenen och tittade ut över världen. Han visste att det alltid skulle finnas nya äventyr där ute – men för nu var han glad att bara vara Toto, apan som vågade följa sina drömmar.

Toto and the Great Journey

———

Deep within the lush, dense jungle, there was a tree taller than all the others. It was home to a little, curious monkey named Toto. Toto was not like the other monkeys in his family. While the others were content picking fruit and swinging between the trees, Toto always felt a longing inside him for something more. He dreamed of seeing the world beyond the jungle, of discovering new places and meeting other animals.

Every day, Toto would sit on the highest branch of his tree and gaze out over the jungle. He watched as the sun rose over the mist-covered mountains in the distance and as the rivers wound like silver ribbons through the forest. "What's beyond the mountains?" he would wonder. "And what lies on the other side of the river?"

One morning, as the sun began to warm the jungle, Toto made up his mind. He couldn't stay any longer. "I have to see what's out there," he told himself. So with a determined leap, he swung down from the tree and began his journey.

Toto followed the river, which he knew would take him closer to the mountains. The path was not easy—he had to climb over large rocks, push through thick bushes, and sometimes cross streams. But Toto was brave, and his curiosity kept him moving forward.

After several days of traveling, he finally reached the foot of the mighty mountains. They rose like walls against the sky, and Toto felt a tingling sensation of anticipation. "If I can get over the mountains, I'll be able to see what's on the other side," he thought.

So Toto began to climb. The path up the mountain was steep and rocky, but Toto was quick and skillful. Along the way, he met other animals—a kind goat who showed him the safest path, a wise owl who told him about the stars, and a funny squirrel who made him laugh when the journey felt long.

When Toto finally reached the top of the mountain, he stopped and took a deep breath. Before him stretched a whole new world. He saw vast plains, deep lakes, and beyond them—a sea so large it seemed to merge with the sky. Tears of joy filled Toto's eyes. "It's even more beautiful than I ever imagined," he whispered to himself.

But Toto knew his journey wasn't over yet. He wanted to see it all! So he climbed down the mountain and continued his journey. On the plains, he met a proud pride of lions who taught him about courage, and by the lakes, he swam with kind dolphins who told him stories about the sea.

After many adventures, Toto finally reached the coast. The sea stretched as far as the eye could see, and the waves gently lapped against the shore. Toto sat down on a rock and looked out over the sparkling water. He felt small in the face of the sea's vastness, but also filled with a sense of satisfaction. He had done it. He had seen the world beyond the jungle, and he had learned so much along the way.

But in the midst of his joy, Toto also felt a pang of longing. He thought of his family and his home tree high up in the jungle. "Maybe it's time to go home," he thought.

So with one last look out over the sea, Toto turned back. The journey home was long, but Toto felt different now. He was no longer just the personification of curiosity—he was also filled with wisdom and experiences that he couldn't wait to share.

When Toto finally returned to his tree, he was welcomed with open arms by his family. They had worried about him, but when they saw the joy in his eyes, they knew he had had an incredible journey.

From that day on, Toto became known as the wisest monkey in the entire jungle. He told stories of his adventures to the other monkeys, and everyone listened with excitement. But even though he had seen the world, Toto was always content to be back home in his beloved tree.

But every morning, when the sun rose over the mountains, Toto would climb up to the highest branch and look out over the world. He knew that there would always be new adventures out there—but for now, he was happy just being Toto, the monkey who dared to follow his dreams.